The Easy Life in Oslo: Bilingual Norwegian-English Stories For Norwegian Language Learners

Pomme Bilingual

Published by Pomme Bilingual, 2024.

THE EASY LIFE IN OSLO: BILINGUAL NORWEGIAN-ENGLISH STORIES FOR NORWEGIAN LANGUAGE LEARNERS

First edition. July 14, 2024.

Copyright © 2024 Pomme Bilingual.

ISBN: 979-8227342942

Written by Pomme Bilingual.

Table of Contents

Det Lette Livet i Oslo

Mathilde Nilsen våknet tidlig en solfylt søndagsmorgen i Oslo. Byen hadde en rolig atmosfære som bare en tidlig sommermorgen kunne gi. Mathilde, en kvinne i begynnelsen av femtiårene, bodde i en koselig leilighet på Frogner, omringet av gamle, majestetiske bygninger og trær som blomstret i full prakt.

Hun strakk seg i sengen, smilte og tenkte på hvor heldig hun var som hadde denne stille, fredelige morgenstunden for seg selv. I løpet av uken arbeidet hun som bibliotekar på Deichmanske bibliotek, et yrke hun elsket. Men i dag var det hennes tid. Tid for å reflektere, nyte og kanskje, bare kanskje, oppdage noe nytt om seg selv eller verden rundt henne.

Etter å ha brygget en kopp kaffe, satte hun seg på balkongen med utsikt over den grønne parken nedenfor. Solstrålene varmet ansiktet hennes, og hun nøt lyden av fuglesang og den fjerne summingen av byen som sakte våknet til liv. Mathilde hadde alltid følt en dyp forbindelse til naturen, selv midt i byen.

Mens hun satt der, kom naboen hennes, Rolf, forbi. Han var en eldre mann i syttiårene med en vennlig fremtoning og en evne til å fortelle de mest fascinerende historier om gamle dager i Oslo.

"God morgen, Mathilde!" ropte han opp til henne. "Hvordan går det med deg i dag?"

"God morgen, Rolf," svarte hun med et smil. "Jeg har det veldig bra, takk. Hva med deg?"

Rolf trakk på skuldrene og smilte. "Å, du vet, jeg klarer meg. Jeg tenkte å ta en tur ned til Akerselva. Skal du være med?"

Mathilde nølte et øyeblikk, men så bestemte hun seg for at en spasertur langs elven kunne være akkurat det hun trengte. "Ja, hvorfor ikke? La meg bare få på meg noen sko."

De to vennene gikk sammen gjennom de stille gatene, snakket om alt og ingenting. De passerte kafeer som sakte åpnet dørene sine, og butikker som forberedte seg på dagens kunder. Oslo hadde en spesiell sjarm, tenkte Mathilde, en blanding av gammelt og nytt som alltid holdt henne fascinert.

Da de nådde Akerselva, tok de en pause på en benk ved vannkanten. Rolf begynte å fortelle en historie om da han var ung og brukte elven til å fiske med sin far. Mathilde lyttet med stor interesse, forestilte seg det livet Rolf beskrev så levende.

"Vet du, Mathilde," sa Rolf etter en stund, "det er noe med denne byen som alltid trekker meg tilbake. Uansett hvor mye den forandrer seg, er det alltid et snev av det gamle Oslo som jeg elsker."

Mathilde nikket. "Jeg vet hva du mener. Det er som om byen har en sjel, en historie som aldri helt forsvinner."

De satt i stille kontemplasjon en stund, begge opptatt av sine egne tanker. For Mathilde, var det øyeblikk som dette som gjorde livet spesielt. Ikke de store begivenhetene, men de små, enkle gledene i hverdagen.

Til slutt reiste de seg og begynte å gå tilbake mot leilighetene sine. Mathilde følte seg forfrisket og takknemlig for Rolfs selskap. Hun visste at uansett hva dagen brakte, hadde hun allerede hatt en perfekt start.

Da hun kom hjem, satte hun seg igjen på balkongen med en ny kopp kaffe. Livet i Oslo var kanskje ikke alltid lett, men det var fylt med øyeblikk av ro og skjønnhet som gjorde alt verdt det. Mathilde visste at hun var heldig som hadde funnet sin plass i denne vidunderlige byen, omringet av venner og minner som ville vare livet ut.

The Easy Life in Oslo

Mathilde Nilsen woke up early on a sunny Sunday morning in Oslo. The city had a tranquil atmosphere that only an early summer morning could provide. Mathilde, a woman in her early fifties, lived in a cozy apartment in Frogner, surrounded by old, majestic buildings and trees in full bloom.

She stretched in bed, smiled, and thought about how lucky she was to have this quiet, peaceful morning to herself. During the week, she worked as a librarian at the Deichman Library, a profession she loved. But today was her time. Time to reflect, enjoy, and maybe, just maybe, discover something new about herself or the world around her.

After brewing a cup of coffee, she sat on the balcony overlooking the green park below. The sun's rays warmed her face, and she enjoyed the sound of birds singing and the distant hum of the city slowly coming to life. Mathilde had always felt a deep connection to nature, even in the middle of the city.

As she sat there, her neighbor, Rolf, passed by. He was an older man in his seventies with a friendly demeanor and a knack for telling the most fascinating stories about the old days in Oslo.

"Good morning, Mathilde!" he called up to her. "How are you today?"

"Good morning, Rolf," she replied with a smile. "I'm very well, thank you. How about you?"

Rolf shrugged and smiled. "Oh, you know, I'm getting by. I was thinking of taking a walk down to Akerselva. Would you like to join me?"

Mathilde hesitated for a moment, but then decided that a walk along the river might be just what she needed. "Yes, why not? Let me just put on some shoes."

The two friends walked together through the quiet streets, talking about everything and nothing. They passed cafés slowly opening their doors and shops preparing for the day's customers. Oslo had a special charm, Mathilde thought, a blend of old and new that always kept her fascinated.

When they reached Akerselva, they took a break on a bench by the water's edge. Rolf began to tell a story about when he was young and used to fish in the river with his father. Mathilde listened with great interest, imagining the life Rolf described so vividly.

"You know, Mathilde," Rolf said after a while, "there's something about this city that always draws me back. No matter how much it changes, there's always a hint of the old Oslo that I love."

Mathilde nodded. "I know what you mean. It's like the city has a soul, a history that never quite disappears."

They sat in silent contemplation for a while, both absorbed in their own thoughts. For Mathilde, it was moments like this that made life special. Not the big events, but the small, simple joys of everyday life.

Eventually, they got up and started walking back towards their apartments. Mathilde felt refreshed and grateful for Rolf's company. She knew that no matter what the day brought, she had already had a perfect start.

When she got home, she sat back on the balcony with a new cup of coffee. Life in Oslo might not always be easy, but it was filled with moments of peace and beauty that made everything worthwhile. Mathilde knew she was lucky to have found her place in this wonderful city, surrounded by friends and memories that would last a lifetime.

Den Gamle Kaféen på Grünerløkka

Det var en stille ettermiddag på Grünerløkka, og sola kastet sine gyldne stråler over de brosteinsbelagte gatene. Maria Hansen, en kvinne i begynnelsen av sekstiårene, gikk sakte nedover Thorvald Meyers gate. Hun hadde bodd i denne delen av Oslo hele sitt liv, og hun elsket hver eneste krok og krik av nabolaget.

Maria var på vei til sin favorittkafé, en liten, koselig plass som het "Det Gylne Hjørnet." Kaféen hadde eksistert i over femti år og var kjent for sin fantastiske kaffe og hjemmebakte kaker. Eieren, gamle Oskar, var en vennlig mann som alltid hadde en god historie å fortelle.

Da Maria kom inn i kaféen, ble hun møtt av den varme, kjente lukten av nybakt brød og ferskbrygget kaffe. Oskar stod bak disken og smilte bredt da han så henne.

"Maria, velkommen!" ropte han. "Det er alltid en glede å se deg. Hvordan går det?"

Maria smilte tilbake. "Takk, Oskar. Det går bra. Jeg har bare tatt meg en liten tur for å nyte denne vakre dagen. Hvordan står det til her?"

Oskar trakk på skuldrene. "Åh, det er det vanlige. Livet går sin gang, og vi har våre stamgjester som alltid. Hva med deg, har du noe spennende på gang?"

Maria lo. "Nei, ikke noe spesielt. Men jeg setter alltid pris på en god kopp kaffe og en hyggelig samtale."

Oskar nikket og begynte å lage en kopp av sin spesialblanding til Maria. Mens hun ventet, tok hun en titt rundt i kaféen. Den var fylt med gamle møbler, bilder fra Oslos fortid, og hyller med bøker som gjestene kunne lese mens de nøt kaffen. Det var en hjemmekoselig atmosfære, og Maria følte seg alltid avslappet her.

Mens Maria satt og nippet til kaffen sin, kom en ung kvinne inn i kaféen. Hun så litt forvirret ut og virket ikke helt kjent med stedet. Maria vinket henne over til sitt bord.

"Hei," sa Maria vennlig. "Er du ny her?"

Den unge kvinnen smilte forsiktig. "Ja, jeg er bare på besøk i Oslo. Jeg har hørt at denne kaféen er veldig spesiell, så jeg tenkte jeg skulle stikke innom."

Maria nikket. "Du har hørt riktig. Det er et fantastisk sted. Jeg heter Maria, forresten."

"Hyggelig å møte deg, Maria. Jeg heter Emma," svarte den unge kvinnen og satte seg ned.

De to kvinnene begynte å snakke, og Maria fant ut at Emma var en student fra Bergen som var i Oslo for å gjøre research til sin masteroppgave om byens historie. Emma var fascinert av Oslos rike kulturarv, og Maria delte gladelig noen av sine egne minner og historier om nabolaget.

"Jeg husker da jeg var liten," sa Maria, "da var dette området fullt av småbutikker og håndverkere. Det var en annen tid, men på en måte føles det som om den ånden fortsatt lever her."

Emma lyttet med store øyne. "Det er så spennende å høre om hvordan ting var før. Jeg føler at det gir meg en dypere forståelse av byen."

Samtalen deres ble avbrutt av Oskar som kom bort til bordet med en tallerken full av nybakte kanelboller.

"Her er noe for dere å nyte," sa han med et smil. "Det er på huset."

Maria og Emma takket ham og begynte å spise. De varme kanelbollene smeltet nesten i munnen, og de begge nøt smaken.

"Du vet, Emma," sa Maria etter en stund, "det er noe spesielt med å kunne dele historier og minner. Det gjør at man føler seg mer knyttet til stedet og menneskene rundt seg."

Emma nikket. "Jeg er enig. Jeg tror det er derfor jeg elsker historie så mye. Det handler ikke bare om fortiden, men om hvordan den påvirker nåtiden og fremtiden."

De fortsatte å prate lenge, og tiden fløy av gårde. Da det begynte å bli sent, reiste Emma seg for å gå.

"Takk for selskapet, Maria. Jeg har virkelig satt pris på denne samtalen," sa hun.

"Det var en glede å snakke med deg, Emma. Kom gjerne tilbake når du er i byen igjen," svarte Maria.

Emma smilte og nikket før hun forlot kaféen. Maria satt igjen og følte seg tilfreds. Det hadde vært en enkel dag, men fylt med meningsfulle øyeblikk. Det var slik hun likte livet sitt på Grünerløkka – med små, hverdagslige gleder som gjorde hver dag spesiell.

Da hun gjorde seg klar til å gå hjem, vinket hun farvel til Oskar. "Vi sees snart igjen, Oskar," sa hun.

"Det gjør vi, Maria. Ta vare på deg selv," svarte han.

Maria gikk ut i den kjølige kveldsluften og pustet dypt inn. Oslo, med sin blanding av gammelt og nytt, var hennes hjem. Hun visste at hun alltid ville finne trøst og glede i de enkle tingene – som en kopp kaffe på "Det Gylne Hjørnet" og en samtale med en ny venn.

The Old Café in Grünerløkka

───

It was a quiet afternoon in Grünerløkka, and the sun cast its golden rays over the cobblestone streets. Maria Hansen, a woman in her early sixties, walked slowly down Thorvald Meyers gate. She had lived in this part of Oslo her entire life and loved every nook and cranny of the neighborhood.

Maria was on her way to her favorite café, a small, cozy place called "The Golden Corner." The café had been around for over fifty years and was known for its fantastic coffee and homemade cakes. The owner, old Oskar, was a friendly man who always had a good story to tell.

When Maria entered the café, she was greeted by the warm, familiar smell of freshly baked bread and freshly brewed coffee. Oskar stood behind the counter and smiled broadly when he saw her.

"Maria, welcome!" he called out. "It's always a pleasure to see you. How are you?"

Maria smiled back. "Thank you, Oskar. I'm well. I just took a little walk to enjoy this beautiful day. How are things here?"

Oskar shrugged. "Oh, the usual. Life goes on, and we have our regulars as always. What about you, anything exciting going on?"

Maria laughed. "No, nothing special. But I always appreciate a good cup of coffee and a pleasant conversation."

Oskar nodded and began making a cup of his special blend for Maria. While she waited, she took a look around the café. It was filled with old furniture, pictures from Oslo's past, and shelves of books that guests could read while enjoying their coffee. There was a homely atmosphere, and Maria always felt relaxed here.

As Maria sat sipping her coffee, a young woman entered the café. She looked a bit confused and didn't seem familiar with the place. Maria waved her over to her table.

"Hi," said Maria kindly. "Are you new here?"

The young woman smiled cautiously. "Yes, I'm just visiting Oslo. I've heard this café is very special, so I thought I'd stop by."

Maria nodded. "You've heard right. It's a wonderful place. My name is Maria, by the way."

"Nice to meet you, Maria. I'm Emma," replied the young woman, sitting down.

The two women started talking, and Maria found out that Emma was a student from Bergen who was in Oslo to do research for her master's thesis on the city's history. Emma was fascinated by Oslo's rich cultural heritage, and Maria gladly shared some of her own memories and stories about the neighborhood.

"I remember when I was little," said Maria, "this area was full of small shops and artisans. It was a different time, but in a way, it feels like that spirit still lives here."

Emma listened with wide eyes. "It's so exciting to hear about how things used to be. I feel like it gives me a deeper understanding of the city."

Their conversation was interrupted by Oskar who came over to the table with a plate full of freshly baked cinnamon rolls.

"Here's something for you to enjoy," he said with a smile. "It's on the house."

Maria and Emma thanked him and started eating. The warm cinnamon rolls almost melted in their mouths, and they both enjoyed the taste.

"You know, Emma," said Maria after a while, "there's something special about sharing stories and memories. It makes you feel more connected to the place and the people around you."

Emma nodded. "I agree. I think that's why I love history so much. It's not just about the past, but about how it influences the present and the future."

They continued talking for a long time, and time flew by. When it started to get late, Emma stood up to leave.

"Thank you for the company, Maria. I've really enjoyed this conversation," she said.

"It was a pleasure talking to you, Emma. Come back whenever you're in town," replied Maria.

Emma smiled and nodded before leaving the café. Maria sat back and felt content. It had been a simple day but filled with meaningful moments. That's how she liked her life in Grünerløkka – with small, everyday joys that made each day special.

As she got ready to go home, she waved goodbye to Oskar. "See you soon, Oskar," she said.

"We will, Maria. Take care," he replied.

Maria stepped out into the cool evening air and took a deep breath. Oslo, with its mix of old and new, was her home. She knew she would always find comfort and joy in the simple things – like a cup of coffee at "The Golden Corner" and a conversation with a new friend.

Vennskap på Grønland

S iri Johansen hadde alltid elsket Grønland, en av Oslos mest
levende og mangfoldige bydeler. Her bodde hun i en
gammel bygård, og hver dag bød på nye oppdagelser og
interessante møter. Siri, en kvinne i midten av femtiårene, hadde
en jobb hun elsket som lærer på den lokale barneskolen. Livet
hennes var fylt med små gleder og en dyp kjærlighet til det
flerkulturelle samfunnet rundt henne.

En lørdag morgen våknet Siri til lyden av markedsdag på
Grønland torg. Hun elsket disse dagene når torget var fullt av
boder som solgte alt fra frisk frukt og grønnsaker til fargerike
klær og håndverksprodukter fra alle verdens hjørner. Hun
bestemte seg for å ta en spasertur for å nyte atmosfæren og
kanskje gjøre noen interessante funn.

Siri kledde på seg en enkel sommerkjole, tok en lett jakke over
armen, og gikk ut i den friske morgenluften. Solen skinte, og hun
kunne allerede høre summingen av folk som prutet og lo. Da hun
kom frem til torget, ble hun møtt av en bølge av dufter – krydder,
nybakt brød, og eksotiske blomster. Det var som å reise verden
rundt uten å forlate Oslo.

Hun gikk fra bod til bod, stoppet opp for å prate med de
vennlige selgerne. Mange av dem kjente hun godt, som Farid,
som solgte krydder fra Midtøsten. Han hilste henne med et
bredt smil og spurte hvordan hun hadde det.

"Jeg har det bra, Farid," svarte hun. "Hvordan går det med deg og familien?"

"Vi har det fint, takk," sa Farid. "Barna vokser så fort! Du må komme over en dag og smake på min kones spesialiteter."

"Det vil jeg gjerne," sa Siri og kjøpte noen av hans deilige krydderblandinger.

Mens Siri fortsatte rundt på markedet, støtte hun på en kvinne hun ikke hadde sett før. Kvinnen stod bak en bod som solgte håndlagde smykker. Siri var umiddelbart tiltrukket av de vakre fargene og det intrikate håndverket.

"God morgen," sa Siri. "Disse smykkene er fantastiske. Har du laget dem selv?"

Den unge kvinnen smilte sjenert. "Ja, det har jeg. Jeg heter Leila. Jeg har nettopp flyttet hit fra Marokko."

"Hyggelig å møte deg, Leila. Jeg heter Siri," sa hun og rakte frem hånden. "Velkommen til Grønland. Det er et fantastisk sted å bo."

"Tusen takk," svarte Leila og tok hånden hennes. "Jeg håper jeg finner meg til rette her. Det er så annerledes enn hjemme."

Siri kunne se at Leila følte seg litt overveldet, så hun bestemte seg for å hjelpe henne. "Hvis du har tid, kan vi ta en kopp kaffe sammen. Jeg kan vise deg noen av de beste stedene her."

Leila lyste opp. "Det ville vært veldig hyggelig. Jeg vil gjerne bli bedre kjent med nabolaget."

De to kvinnene forlot markedet og gikk til en liten kafé i nærheten, kjent for sin hyggelige atmosfære og deilige bakverk. De satte seg ved et bord ute i solen, og Siri bestilte to kopper kaffe og noen ferske kanelboller.

Mens de drakk kaffen, fortalte Leila om sitt liv i Marokko, hvordan hun hadde vokst opp i en liten by og alltid drømt om å reise og oppleve nye kulturer. Siri lyttet med interesse og delte også historier fra sitt eget liv i Oslo.

"Jeg tror du vil elske det her," sa Siri. "Det er så mange ulike kulturer og mennesker som bor på Grønland. Alle har en historie å fortelle, og du vil sikkert finne mye inspirasjon til dine smykker."

Leila nikket. "Det håper jeg. Det har vært en stor forandring, men jeg føler meg allerede litt mer hjemme etter å ha møtt deg."

Siri smilte. "Vi er som en stor familie her. Hvis du noen gang trenger hjelp med noe, er det alltid noen som kan stille opp."

De fortsatte å prate lenge, og Siri følte en varm forbindelse til Leila. Det var noe spesielt med å møte nye mennesker og dele erfaringer. Det minnet henne om hvorfor hun elsket jobben sin som lærer – muligheten til å påvirke andres liv positivt og lære noe nytt hver dag.

Etter at de hadde drukket ferdig kaffen, gikk Siri og Leila en tur gjennom nabolaget. Siri viste Leila de beste stedene å handle, spise og slappe av. De besøkte også parken, hvor barn lekte og familier samlet seg for piknik.

"Her er et sted jeg liker å komme for å slappe av etter en lang dag," sa Siri mens de gikk gjennom parken. "Det er fredelig, og du kan alltid høre barnas latter i bakgrunnen."

Leila smilte. "Det virker som et veldig koselig sted. Jeg er glad jeg møtte deg, Siri. Du har gjort min første markedsdag så mye bedre."

"Jeg er glad jeg møtte deg også, Leila," sa Siri. "Jeg ser frem til mange flere markedsdager sammen."

De skilte lag ved torget, men avtalte å møtes igjen snart. Siri følte seg takknemlig for denne nye vennskapet og gledet seg til å tilbringe mer tid sammen med Leila. Det var disse enkle gledene – nye vennskap, delte historier, og fellesskapets varme – som gjorde livet på Grønland så spesielt.

Da Siri kom hjem, satte hun seg i sin favorittstol ved vinduet, med utsikt over den travle gaten nedenfor. Hun tok frem en bok, men tankene hennes vandret tilbake til dagen hun hadde hatt. Det var noe magisk med Grønland, tenkte hun. Et sted hvor gamle og nye venner møttes, hvor kulturer blandet seg og skapte noe vakkert og unikt.

Hun visste at hun var heldig som bodde i et så mangfoldig og inkluderende samfunn. Og hun visste at hver dag bød på nye muligheter til å lære, vokse, og knytte bånd med de rundt seg. Med et tilfreds sukk åpnet hun boken og begynte å lese, med vissheten om at hun var en del av noe helt spesielt.

Friendship in Grønland

Siri Johansen had always loved Grønland, one of Oslo's most vibrant and diverse neighborhoods. She lived in an old apartment building, and every day brought new discoveries and interesting encounters. Siri, a woman in her mid-fifties, had a job she loved as a teacher at the local elementary school. Her life was filled with small joys and a deep love for the multicultural community around her.

One Saturday morning, Siri woke up to the sound of market day at Grønland Square. She loved these days when the square was full of stalls selling everything from fresh fruits and vegetables to colorful clothes and handcrafted items from all over the world. She decided to take a walk to enjoy the atmosphere and perhaps make some interesting finds.

Siri put on a simple summer dress, took a light jacket over her arm, and went out into the fresh morning air. The sun was shining, and she could already hear the hum of people bargaining and laughing. When she arrived at the square, she was greeted by a wave of scents – spices, freshly baked bread, and exotic flowers. It was like traveling around the world without leaving Oslo.

She walked from stall to stall, stopping to chat with the friendly vendors. Many of them she knew well, like Farid, who sold spices from the Middle East. He greeted her with a broad smile and asked how she was.

"I'm fine, Farid," she replied. "How are you and your family?"

"We're doing well, thank you," said Farid. "The kids are growing up so fast! You must come over one day and try my wife's specialties."

"I'd love that," said Siri, buying some of his delicious spice blends.

As Siri continued around the market, she came across a woman she hadn't seen before. The woman stood behind a stall selling handmade jewelry. Siri was immediately drawn to the beautiful colors and intricate craftsmanship.

"Good morning," said Siri. "These pieces are fantastic. Did you make them yourself?"

The young woman smiled shyly. "Yes, I did. My name is Leila. I just moved here from Morocco."

"Nice to meet you, Leila. I'm Siri," she said, extending her hand. "Welcome to Grønland. It's a wonderful place to live."

"Thank you," replied Leila, shaking her hand. "I hope I can settle in here. It's so different from home."

Siri could see that Leila felt a bit overwhelmed, so she decided to help her. "If you have time, we could have a cup of coffee together. I can show you some of the best places around here."

Leila brightened up. "That would be very nice. I'd love to get to know the neighborhood better."

The two women left the market and went to a small café nearby, known for its cozy atmosphere and delicious pastries. They sat at a table outside in the sunshine, and Siri ordered two cups of coffee and some fresh cinnamon rolls.

As they drank their coffee, Leila spoke about her life in Morocco, how she had grown up in a small town and always dreamed of traveling and experiencing new cultures. Siri listened with interest and also shared stories from her own life in Oslo.

"I think you will love it here," Siri said. "There are so many different cultures and people living in Grønland. Everyone has a story to tell, and you'll surely find plenty of inspiration for your jewelry."

Leila nodded. "I hope so. It has been a big change, but I already feel a bit more at home after meeting you."

Siri smiled. "We're like one big family here. If you ever need help with anything, there's always someone who can lend a hand."

They continued to talk for a long time, and Siri felt a warm connection with Leila. There was something special about meeting new people and sharing experiences. It reminded her of why she loved her job as a teacher – the opportunity to positively impact others' lives and learn something new every day.

After finishing their coffee, Siri and Leila took a walk through the neighborhood. Siri showed Leila the best places to shop, eat, and relax. They also visited the park, where children played and families gathered for picnics.

"Here is a place I like to come to relax after a long day," Siri said as they walked through the park. "It's peaceful, and you can always hear the laughter of children in the background."

Leila smiled. "It seems like a very cozy place. I'm glad I met you, Siri. You've made my first market day so much better."

"I'm glad I met you too, Leila," Siri said. "I look forward to many more market days together."

They parted ways at the square but agreed to meet again soon. Siri felt grateful for this new friendship and looked forward to spending more time with Leila. It was these simple pleasures – new friendships, shared stories, and the warmth of community – that made life in Grønland so special.

When Siri got home, she settled into her favorite chair by the window, with a view of the busy street below. She took out a book, but her thoughts wandered back to the day she had had. There was something magical about Grønland, she thought. A place where old and new friends met, where cultures blended to create something beautiful and unique.

She knew she was lucky to live in such a diverse and inclusive community. And she knew that each day offered new opportunities to learn, grow, and connect with those around her. With a contented sigh, she opened her book and began to read, knowing she was part of something truly special.

Kattens Kode på Høybråten

D et var en lys, tidlig morgen på Høybråten, en rolig bydel i utkanten av Oslo. Solens første stråler skinte gjennom de frodige trærne og ga en gylden glød til de små, fargerike husene som prydet gatene. I en av disse husene bodde en katt ved navn Oliver, en uvanlig katt med en uvanlig historie.

Oliver var en gråstripet katt med lysende grønne øyne som hadde en spesiell evne til å forstå menneskelig språk. Han hadde alltid vært en observant katt og hadde tilbrakt mange år med å studere sine menneskelige eiere, den eldre fru Dahl og hennes sønn, Per.

Fru Dahl var en pensjonert bibliotekar, kjent for sin kjærlighet til bøker og ord. Per, hennes sønn, var en lokal historiker som ofte var dyp i sine studier av gamle dokumenter og manuskripter. Oliver hadde alltid vært fascinert av hvordan menneskene hans levde sine liv og hvordan de behandlet bøker og papirer med en nesten religiøs respekt.

En dag, mens Per var ute på et forskningsopphold i arkivene, bestemte Oliver seg for å undersøke et gammelt, støvete skap som fru Dahl hadde arvet fra sin bestemor. Det var et vakkert, antikt skap med intrikate utskjæringer og en mystisk aura omkring seg. Det hadde alltid vært låst, men Oliver hadde en egen måte å åpne små låser på, takket være hans spisse klør og kløkt.

Da Oliver klarte å åpne skapet, ble han møtt av en uventet syn. Skapet var fylt med et utall av gamle bøker, manuskripter, og en liten, falmet dagbok. Den så ut til å være gammel, med en slitt lærinnbinding og en liten lås som var rusten. Oliver hadde aldri sett en dagbok som dette før og bestemte seg for å undersøke nærmere.

Med sin skarpe sans for detaljer begynte Oliver å granske dagboken. Han prøvde å åpne den med potene sine, men det var vanskelig. Etter en stund fant han en liten sprettert under en bunke bøker, og med forsiktig presisjon klarte han å lirke opp låsen. Inne i dagboken var det skriblerier som var nesten ulestelige, men noen av dem var ganske klare. Det så ut til å være en type kode.

Oliver begynte å jobbe med koden. Han brukte sine klør til å holde boken åpen og kløkt til å skanne over tekstene. Han hadde sett hvordan Per brukte forskjellige metoder for å dekryptere gamle dokumenter, og han visste at det var viktig å være tålmodig og metodisk. Dagboken var fylt med merkelige symboler og tall, og Oliver begynte å forstå at det var et mønster i disse.

På kvelden, da fru Dahl kom hjem fra sin ukentlige bingo-kveld, fant hun Oliver sittende ved bordet med dagboken foran seg. Hun ble litt forvirret over synet, men så på kattens intense konsentrasjon og visste at det måtte være noe viktig.

"Oliver, hva er det du driver med?" spurte hun mens hun la fra seg sin veske og begynte å lage seg en kopp te.

Oliver så opp på henne med sine klare, grønne øyne, og det var noe i blikket hans som fikk fru Dahl til å tenke at katten kanskje hadde funnet noe betydningsfullt. Hun bestemte seg for å ta en nærmere titt på dagboken.

Fru Dahl satte seg ned ved siden av Oliver og begynte å studere boken. "Dette ser ut til å være en kode," sa hun etter en stund. "Jeg har aldri sett noe som dette før."

Oliver mjauet i respons, som om han bekreftet hennes observasjon. Han begynte å vise henne forskjellige deler av koden og pekte med labben på de mest relevante symbolene. Fru Dahl begynte å forstå at dette ikke var en hvilken som helst kode, men noe som kanskje hadde betydning for familiens historie.

Neste dag, da Per kom hjem fra arkivene, ble han møtt av en ny utfordring. Fru Dahl og Oliver hadde jobbet hele dagen med å dekryptere koden, men de hadde ikke klart å få fullstendig klarhet i hva den betydde. Per var en erfaren historiker, og han visste at koder ofte skjulte viktige ledetråder til historiske skatter eller personlige hemmeligheter.

"Hei, Oliver," sa Per med et smil. "Hva har du gjort i dag?"

Oliver svarte med et tilfreds mjau og viste Per dagboken. Per så på dagboken med en blanding av overraskelse og interesse. "Dette ser ut som en veldig gammel kode," sa han. "La meg se nærmere på det."

Per brukte flere timer på å analysere koden. Han fant ut at den var en form for substitusjonskode, hvor hvert symbol eller nummer representerte et bestemt bokstav eller ord. Etter mye innsats og med hjelp fra fru Dahl og Oliver, klarte han å begynne å tyde teksten.

Det viste seg at dagboken tilhørte en av fru Dahls forfedre, en velstående handelsmann fra 1800-tallet. Den inneholdt beskrivelser av skjulte skatter og verdifulle gjenstander som var gjemt i området rundt Høybråten. Koden var en nøkkel til å finne disse skattene, men det var fortsatt mange spor som måtte følges.

Fru Dahl, Per og Oliver begynte å planlegge hvordan de skulle følge ledetrådene i dagboken. De delte oppgavene mellom seg: Per ville gjøre feltarbeid, fru Dahl ville se nærmere på gamle dokumenter og kart, mens Oliver skulle være deres trofaste følgesvenn.

Hver helg brukte de tid på å lete etter ledetråder. Oliver viste seg å være en utmerket detektiv, som kunne oppdage små detaljer og hjelp til å følge sporene. En dag, mens de gravde i hagen, fant de en gammel kiste som var skjult under et lag med jord. Inne i kisten var det en mengde med gamle mynter, smykker, og et brev som bekreftet at skatten hadde tilhørt fru Dahls forfar.

Det ble en feiring da de returnerte til huset med funnet. Oliver ble hyllet som en helt og fikk en ekstra porsjon med kattens favorittlekser. Fru Dahl og Per følte seg både stolte og lettet over å ha løst mysteriet, og de var takknemlige for Oliver's kløkt og innsats.

I ukene som fulgte, fortsatte livet på Høybråten i sitt rolige tempo. Oliver, som hadde blitt en lokal helt, fikk ofte besøk fra naboer som ville høre historien om hvordan han hadde hjulpet til med å finne skatten. Han tok alt i sin stride, men han visste godt at han hadde vært en viktig del av en spennende oppdagelse.

Hver kveld, når solen gikk ned og natten senket seg over Høybråten, satt Oliver ved vinduet og så ut over det fredelige nabolaget. Han tenkte på eventyrene han hadde opplevd og på hvordan han hadde hjulpet sine mennesker til å oppdage noe verdifullt. Det var en tilfredsstillende følelse å vite at man hadde gjort en forskjell.

Og slik fortsatte livet for Oliver, fru Dahl, og Per. De delte mange flere dager med glede og utforskning, og Oliver forble en uunnværlig del av deres liv. Hver gang de så på dagboken, ble de minnet om den magiske reisen de hadde hatt sammen, og hvordan en katt kunne være en nøkkel til å åpne dørene til fortiden.

The Cat's Code at Høybråten

It was a bright early morning at Høybråten, a quiet neighborhood on the outskirts of Oslo. The first rays of the sun shone through the lush trees, giving a golden glow to the small, colorful houses that lined the streets. In one of these houses lived a cat named Oliver, an unusual cat with an unusual story.

Oliver was a gray-striped cat with bright green eyes who had a special ability to understand human language. He had always been an observant cat, spending many years studying his human owners, the elderly Mrs. Dahl and her son, Per.

Mrs. Dahl was a retired librarian known for her love of books and words. Per, her son, was a local historian who often delved into old documents and manuscripts. Oliver had always been fascinated by how his humans lived their lives and how they treated books and papers with almost religious reverence.

One day, while Per was away on a research trip in the archives, Oliver decided to investigate an old, dusty cabinet that Mrs. Dahl had inherited from her grandmother. It was a beautiful antique cabinet with intricate carvings and a mysterious aura about it. It had always been locked, but Oliver had a knack for opening small locks, thanks to his sharp claws and cunning.

When Oliver managed to open the cabinet, he was greeted by an unexpected sight. The cabinet was filled with a myriad of old books, manuscripts, and a small, faded diary. It looked ancient, with a worn leather cover and a small, rusty lock. Oliver had never seen a diary like this before and decided to examine it more closely.

With his sharp sense of detail, Oliver began to study the diary. He tried to open it with his paws, but it was difficult. After a while, he found a small paperclip under a pile of books and, with careful precision, managed to pry open the lock. Inside the diary were scribblings that were almost unreadable, but some of them were quite clear. It appeared to be a type of code.

Oliver set to work on decoding the message. He used his claws to hold the book open and his wit to scan over the text. He had observed how Per used different methods to decrypt old documents and knew it was important to be patient and methodical. The diary was filled with strange symbols and numbers, and Oliver began to understand that there was a pattern to these.

In the evening, when Mrs. Dahl came home from her weekly bingo night, she found Oliver sitting by the table with the diary in front of him. She was a bit puzzled by the sight but saw the cat's intense concentration and knew it must be something important.

"Oliver, what are you up to?" she asked as she set down her purse and started making herself a cup of tea.

Oliver looked up at her with his clear green eyes, and there was something in his gaze that made Mrs. Dahl think that the cat had possibly found something significant. She decided to take a closer look at the diary.

Mrs. Dahl sat down next to Oliver and began to study the book. "This looks like a code," she said after a while. "I've never seen anything like this before."

Oliver meowed in response, as if confirming her observation. He began to show her different parts of the code, pointing with his paw at the most relevant symbols. Mrs. Dahl started to realize that this was not just any code, but something that might be significant to the family's history.

The next day, when Per came home from the archives, he was met with a new challenge. Mrs. Dahl and Oliver had spent the entire day trying to decipher the code, but they had not been able to fully understand what it meant. Per was an experienced historian, and he knew that codes often concealed important clues to historical treasures or personal secrets.

"Hi, Oliver," Per said with a smile. "What have you been up to today?"

Oliver responded with a satisfied meow and showed Per the diary. Per looked at the diary with a mixture of surprise and interest. "This looks like a very old code," he said. "Let me take a closer look."

Per spent several hours analyzing the code. He discovered that it was a form of substitution cipher, where each symbol or number represented a specific letter or word. After much effort, and with help from Mrs. Dahl and Oliver, he began to decode the text.

It turned out that the diary belonged to one of Mrs. Dahl's ancestors, a wealthy merchant from the 19th century. It contained descriptions of hidden treasures and valuable items concealed in the area around Høybråten. The code was a key to finding these treasures, but there were still many clues to follow.

Mrs. Dahl, Per, and Oliver began planning how to follow the clues in the diary. They divided the tasks among themselves: Per would handle the fieldwork, Mrs. Dahl would look into old documents and maps, while Oliver would be their loyal companion.

Every weekend, they spent time searching for clues. Oliver proved to be an excellent detective, able to spot small details and help follow the leads. One day, while digging in the garden, they found an old chest buried under a layer of earth. Inside the chest were a collection of old coins, jewelry, and a letter confirming that the treasure had belonged to Mrs. Dahl's ancestor.

There was a celebration when they returned to the house with their find. Oliver was hailed as a hero and received an extra portion of his favorite treats. Mrs. Dahl and Per felt both proud and relieved to have solved the mystery, and they were grateful for Oliver's cleverness and efforts.

In the weeks that followed, life in Høybråten continued at its peaceful pace. Oliver, who had become a local hero, often received visits from neighbors who wanted to hear the story of how he helped find the treasure. He took it all in stride but knew well that he had been an important part of an exciting discovery.

Each evening, as the sun set and night fell over Høybråten, Oliver sat by the window and looked out over the peaceful neighborhood. He thought about the adventures he had experienced and how he had helped his humans discover something valuable. It was a satisfying feeling to know he had made a difference.

And so, life continued for Oliver, Mrs. Dahl, and Per. They shared many more days of joy and exploration, and Oliver remained an indispensable part of their lives. Every time they looked at the diary, they were reminded of the magical journey they had taken together and how a cat could be the key to unlocking the doors of the past.

Regnværsdag i Kongensgate

Det var en grå, regntung dag i Kongensgate, en liten gate i en sjarmerende del av Oslo. Vannet fra skyene falt i uavbrutte slør ned på de brosteinsbelagte gatene, og de få mennesker som var ute, hastet forbi med paraplyene godt hevet. Huset nummer 23 var kjent i området for sin sjeldne varme og koselige atmosfære, og denne dagen var intet unntak. Her bodde fru Ingrid Bøe, en pensjonert lærerinne med en forkjærlighet for gamle bøker og spennende mysterier.

Ingrid Bøe var en kvinne i slutten av sekstiårene med en livlig fremtoning og en nysgjerrighet som sjelden dempet seg. Hun elsket regnværsdager som denne, da hun kunne tilbringe tid i sitt lille bibliotek, en romslig stue fylt med bøker fra gulv til tak. Hun hadde en spesielle evne til å gjøre slike dager til små eventyrer, selv om de var enkle og hverdagslige.

Denne regnværsdagen hadde Ingrid bestemt seg for å bruke dagen på å rydde i et gammelt skuffeskap som hun hadde arvet fra sin mor. Skuffeskapet var fylt med papirer, gamle brev og til og med noen som hun mistenkte kunne være familiegjenstander fra gamle dager. Ingrid hadde alltid hatt en forkjærlighet for historien, og hun gledet seg over tanken på å oppdage skjulte skatter blant de falmede papirene.

Hun hadde nettopp tatt på seg en stor, varm cardigan og satt seg ned ved skrivebordet sitt med en kopp te og et stort, gammeldags dokumentarkiv. Utenfor var regnet fortsatt i ferd med å tromme et monotont men behagelig rytme på taket, og dette skapte en behagelig bakgrunn for Ingrids arbeid.

Som hun begynte å sortere gjennom papirmassene, oppdaget hun en liten, støvete bok som var delvis skjult bak en bunke med gamle regnskaper. Den hadde en slitt, lærinnbinding med en dekorativ forgylling som viste et symbol hun ikke hadde sett før. Med forsiktig forsiktighet åpnet hun boken og oppdaget at den var fylt med håndskrevne notater, koder og merkverdige symboler. Det var en interessant blanding av historiske referanser, men også et spor som hun ikke kunne umiddelbart forstå.

Ingrid la merke til en notatblokk på skrivebordet sitt som hun hadde brukt til å skrive ned ideer og refleksjoner. Hun bestemte seg for å bruke den til å skrive ned alt hun fant i den gamle boken. Hun begynte å notere ned symbolene og kodene og prøve å avdekke deres betydning. Hun visste at det kunne være et mysterie som trengte å bli løst, og det var noe hun fant både spennende og utfordrende.

I løpet av ettermiddagen ble hun forstyrret av en bankelyd på døren. Det var Lars, postmannen i nabolaget, som ofte hadde småprat med Ingrid når han leverte posten. Han var en vennlig, omtenksom mann med et godt humør, og Ingrid gledet seg alltid til å høre om de små hendelsene i nabolaget.

"Hei, Ingrid! Jeg har et spesielt brev til deg," sa Lars og holdt fram et gammeldags brev i en kremfarget konvolutt. "Det ser ut til å være fra en av dine slektninger. Jeg håper det er noe spennende!"

Ingrid tok imot brevet med et nysgjerrig blikk og takket Lars. Hun tok et raskt blikk på konvolutten og så at det var stemplet med et gammeldags segl som hun ikke hadde sett før. Hun åpnet brevet med spenning og begynte å lese.

Brevet var fra en fjern slektning, en som hadde forvaltet en familieeiendom i mange år, og som nå ønsket å gi Ingrid en ledetråd til en gammel arv som var skjult et sted i Oslo. Brevet var fylt med kryptiske hint og henvisninger til steder i byen som Ingrid kjente godt. Det var tydelig at arven var knyttet til den gamle boken hun hadde funnet.

Ingrid ble begeistret. Her var en ny gåte å løse, og hun begynte straks å sammenligne notatene sine med ledetrådene i brevet. Hun oppdaget at mange av symbolene i boken stemte overens med henvisningene i brevet. Det virket som om den gamle boken kunne inneholde nøkkelen til å avdekke hvor arven var skjult.

Som kveldssolen begynte å synke, var Ingrid dypt inne i arbeidet sitt. Regnet hadde gitt seg litt, og hun bestemte seg for å ta en liten pause og gå til kjøkkenet for å lage seg en ny kopp te. Mens hun ventet på at vannet skulle koke, tenkte hun på hvor spennende dagen hadde vært. Det var ikke ofte hun hadde tid til slike mysterier, men hun elsket utfordringen.

Plutselig ble hun avbrutt av en ny bankelyd på døren. Denne gangen var det Greta, naboen som alltid hadde en vennlig kommentar og et smil. Greta bar en liten kurv med nybakte boller som hun gjerne delte med Ingrid.

"Jeg tenkte det ville være hyggelig å komme forbi og gi deg noe å spise mens du jobber," sa Greta. "Det ser ut til å være en spennende dag for deg!"

Ingrid tok imot kurven med glede og inviterte Greta inn. De satte seg ned ved spisebordet, og Ingrid delte den gamle boken og brevet med Greta. De diskuterte ledetrådene og prøvde å finne ut av koden sammen. Greta var en god lytter og hadde en skarp sans for detaljer, noe som viste seg å være nyttig.

"Det ser ut som denne koden kan være en form for kryptering," sa Greta etter å ha gransket boken. "Kanskje det er en substitusjonskode eller en annen type kryptering som vi må bryte."

Ingrid nikket. "Det er en god idé. Vi må se nærmere på symbolene og prøve å finne mønstrene."

De tilbrakte resten av kvelden sammen, og arbeidet med å løse koden ble både sosialt og spennende. Greta og Ingrid fant ut at mange av symbolene i boken kunne oversettes til forskjellige ord og setninger, og etter hvert begynte de å avdekke betydningen bak kodene.

Det ble sent, og Greta måtte dra hjem. Ingrid takket henne for selskapet og de nydelige bollene. Etter at Greta hadde gått, satte Ingrid seg tilbake ved skrivebordet sitt. Hun var opprømt over fremgangen de hadde gjort, og hun visste at hun snart ville være i stand til å finne ut av den endelige løsningen på mysteriet.

Da natten senket seg over Kongensgate, satt Ingrid ved vinduet og så ut på regnet som nå hadde roet seg til en lett yr. Hun tenkte på hvordan regnværsdager hadde en egen måte å bringe frem det beste i folk, og hvordan slike dager ofte ble fylt med uventede oppdagelser og gledelige møter.

Neste morgen var Ingrid opplagt og klar for å fortsette arbeidet med koden. Hun hadde drømt om ledetrådene hele natten, og hun følte seg nesten som en detektiv i en spennende roman. Da hun begynte å jobbe, oppdaget hun at koden ledet til et gammelt kart over Oslo, med markeringer på steder som hun hadde besøkt mange ganger før.

Hun brukte kartet til å spore opp de spesifikke stedene og fant små, skjulte tegn som bekreftet at hun var på rett vei. Etter en lang dag med leting og kartlegging, var Ingrid i stand til å avdekke en skjult skatt som var en del av familiens arv – et gammeldags smykke som hadde blitt laget for mange år siden og som nå var skjult i en liten, ubemerkelig boks i en gammel bygning i Oslo sentrum.

Da hun returnerte til huset sitt med skatten, følte hun en dyp følelse av tilfredshet. Det hadde vært en lang og spennende reise, og hun visste at hun hadde oppdaget noe verdifullt. Regnværsdagen hadde blitt en dag fylt med mysterier og oppdagelser, og hun var takknemlig for det lille eventyret som hadde utspilt seg i løpet av en enkel, regntung dag.

Ingrid satte seg ned med en kopp te og beundret smykket. Hun tenkte på hvordan regnværsdager ofte kunne gi anledning til refleksjon og oppdagelse, og hun følte seg velsignet for å ha hatt muligheten til å oppleve dette. Hun visste at hun alltid ville huske denne dagen som en spesiell del av sitt livs eventyr.

Rainy Day at Kongensgate

It was a gray, rainy day at Kongensgate, a small street in a charming part of Oslo. The rain from the clouds fell in uninterrupted veils on the cobblestone streets, and the few people who were out hurried by with their umbrellas held high. House number 23 was known in the neighborhood for its rare warmth and cozy atmosphere, and this day was no exception. Here lived Mrs. Ingrid Bøe, a retired schoolteacher with a fondness for old books and intriguing mysteries.

Ingrid Bøe was a woman in her late sixties with a lively demeanor and an insatiable curiosity. She loved rainy days like this one, when she could spend time in her little library, a spacious room filled with books from floor to ceiling. She had a special talent for turning such days into small adventures, even though they were simple and everyday.

On this rainy day, Ingrid had decided to spend the day sorting through an old filing cabinet that she had inherited from her mother. The cabinet was filled with papers, old letters, and even some items she suspected might be family heirlooms from days gone by. Ingrid had always had a love for history, and she looked forward to discovering hidden treasures among the faded papers.

She had just put on a large, warm cardigan and sat down at her desk with a cup of tea and a large, old-fashioned document archive. Outside, the rain continued to drum a monotonous but pleasant rhythm on the roof, creating a soothing backdrop for Ingrid's work.

As she began sorting through the papers, she discovered a small, dusty book partially hidden behind a pile of old accounts. It had a worn leather cover with decorative gilding that displayed a symbol she hadn't seen before. With careful precision, she opened the book and found it filled with handwritten notes, codes, and strange symbols. It was an intriguing mix of historical references and a trail that she couldn't immediately understand.

Ingrid noticed a notebook on her desk that she had used to jot down ideas and reflections. She decided to use it to record everything she found in the old book. She began to note down the symbols and codes and try to uncover their meaning. She knew it could be a mystery that needed to be solved, and she found the challenge both exciting and stimulating.

In the afternoon, she was interrupted by a knock at the door. It was Lars, the local mailman, who often had a little chat with Ingrid when delivering the mail. He was a friendly, thoughtful man with a good sense of humor, and Ingrid always looked forward to hearing about the small events in the neighborhood.

"Hi, Ingrid! I have a special letter for you," said Lars, holding out an old-fashioned letter in a cream-colored envelope. "It looks like it's from one of your relatives. I hope it's something exciting!"

Ingrid took the letter with a curious glance and thanked Lars. She took a quick look at the envelope and saw it was stamped with an old-fashioned seal she hadn't seen before. She opened the letter with anticipation and began to read.

The letter was from a distant relative, someone who had managed a family property for many years and now wished to give Ingrid a clue about an old inheritance hidden somewhere in Oslo. The letter was filled with cryptic hints and references to places in the city that Ingrid knew well. It was clear that the inheritance was linked to the old book she had found.

Ingrid was thrilled. Here was a new puzzle to solve, and she immediately began comparing her notes with the clues in the letter. She discovered that many of the symbols in the book matched the references in the letter. It seemed that the old book might contain the key to uncovering where the inheritance was hidden.

As the evening sun began to set, Ingrid was deeply engrossed in her work. The rain had eased a bit, and she decided to take a short break and go to the kitchen to make a new cup of tea. While she waited for the water to boil, she reflected on how exciting the day had been. It wasn't often she had time for such mysteries, but she loved the challenge.

Suddenly, she was interrupted by another knock at the door. This time it was Greta, a neighbor who always had a friendly comment and a smile. Greta carried a small basket of freshly baked rolls that she was happy to share with Ingrid.

"I thought it would be nice to come by and give you something to eat while you work," said Greta. "It looks like you're having an exciting day!"

Ingrid accepted the basket with pleasure and invited Greta in. They sat down at the dining table, and Ingrid shared the old book and letter with Greta. They discussed the clues and tried to figure out the code together. Greta was a good listener and had a sharp eye for details, which proved to be helpful.

"It looks like this code might be a form of encryption," said Greta after examining the book. "Perhaps it's a substitution cipher or another type of code that we need to break."

Ingrid nodded. "That's a good idea. We need to look closer at the symbols and try to find the patterns."

They spent the rest of the evening together, and working on the code became both a social and exciting experience. Greta and Ingrid discovered that many of the symbols in the book could be translated into different words and phrases, and gradually they began to uncover the meaning behind the codes.

It grew late, and Greta had to go home. Ingrid thanked her for the company and the lovely rolls. After Greta had left, Ingrid sat back down at her desk. She was exhilarated by the progress they had made and knew that she would soon be able to uncover the final solution to the mystery.

As night fell over Kongensgate, Ingrid sat by the window and looked out at the rain, which had now settled into a light drizzle. She thought about how rainy days had a way of bringing out the best in people and how such days were often filled with unexpected discoveries and pleasant encounters.

The next morning, Ingrid was refreshed and ready to continue working on the code. She had dreamt about the clues all night and felt almost like a detective in a thrilling novel. As she began working, she discovered that the code led to an old map of Oslo, with markings on places she had visited many times before.

She used the map to track down the specific locations and found small, hidden signs that confirmed she was on the right track. After a long day of searching and mapping, Ingrid was able to uncover a hidden treasure that was part of the family inheritance—an antique piece of jewelry that had been crafted many years ago and was now hidden in a small, unremarkable box in an old building in downtown Oslo.

When she returned to her house with the treasure, she felt a deep sense of satisfaction. It had been a long and exciting journey, and she knew she had discovered something valuable. The rainy day had turned into a day filled with mysteries and discoveries, and she was grateful for the small adventure that had unfolded during an ordinary, rainy day.

Ingrid sat down with a cup of tea and admired the jewelry. She thought about how rainy days often provided opportunities for reflection and discovery, and she felt blessed to have had the chance to experience this. She knew she would always remember this day as a special part of her life's adventure.

Kaffekoppen ved Korsveien

Korsveien var en av de små, bortgjemte gatene i Oslo, en gate som hadde sin egen unike sjarm, fylt med historiske bygninger og en rolig atmosfære som sjelden ble forstyrret. Det var på en tidlig høstdag at en historie om en tilsynelatende vanlig kaffekopp begynte å ta form.

Den daglige rutinen til fru Marie Johansen, en pensjonert revisor, bestod i en enkel, men tilfredsstillende ritual: å nyte sin morgenkaffe på den lille kaféen ved Korsveien. Marie var en kvinne i begynnelsen av åttiårene med et vennlig smil og en utholdende nysgjerrighet. Hennes elskede kaffekopp, som hun hadde fått i gave fra en gammel venn, var en enkel, hvit kopp med blå blomster, men den bar en betydning som gikk langt utover dens tilsynelatende enkelhet.

Kaféen, "Korsveien Kaffe & Kaker", var et koselig sted med rutete duker og en duft av nybakte boller som fylte rommet. Det var alltid en vennlig atmosfære der, takket være den varme og imøtekommende eieren, Lars. Lars var en midaldrende mann med et godt humør og en eksepsjonell evne til å huske sine kunders favorittlektyre. Han visste at Marie alltid kom inn på samme tid hver morgen for å nyte sin kaffe og tilbringe en stund med sine tanker.

En spesiell dag, mens Marie satt ved sitt vanlige vindusbord og så på regnet som dryppet ned fra taket, la hun merke til noe merkelig. Kaffe-koppen hennes hadde en ny liten rift på kanten.

Dette var mer enn bare en liten skade – det var en uventet forandring som ikke kunne forklares av vanlig slitasje.

Marie tok en nærmere titt på koppen. Hun kunne ikke forstå hvordan en liten rift hadde oppstått, men hun hadde en vag følelse av at det kunne være noe mer enn bare et tilfeldig uhell. Koppen hadde vært med henne gjennom mange år med morgenritualer, og hun hadde alltid tatt ekstra godt vare på den.

"Lars," sa Marie med et litt bekymret tonefall, "har du lagt merke til noe uvanlig med kaffekoppen min?"

Lars så på koppen med et vennlig smil. "Nei, jeg ser ikke noe spesielt. Kanskje det bare er en liten skade fra daglig bruk."

Marie ristet på hodet. "Nei, jeg er ganske sikker på at dette er noe nytt. Jeg kan ikke forklare det, men det føles som om det er en mening bak dette."

Lars, som hadde kjent Marie i mange år, visste at hun ofte hadde en intuisjon for ting som andre kanskje overså. Han bestemte seg for å være litt mer oppmerksom og begynte å observere koppen mer nøye.

Neste dag, mens Marie drakk sin morgenkaffe, begynte hun å legge merke til noe annet. Kaffen hadde en merkelig smak, som om det var en subtil krydderblanding hun ikke kunne identifisere. Det var ikke en ubehagelig smak, men den var definitivt uvanlig.

Marie var nå bestemt på å finne ut av dette mysteriet. Hun begynte å undersøke kaffekoppen nøye og oppdaget at det var noe merkelige små tegn på kanten, tegn hun ikke hadde lagt merke til tidligere. Hun bestemte seg for å ta med seg koppen til en av de lokale antikvitetsforretningene for å få en ekspertvurdering.

Antikvitetshandleren, fru Solveig, var en eldre kvinne med en dyp kunnskap om gamle gjenstander. Hun tok imot Marie og koppen med stor interesse.

"Dette er en vakker kopp," sa Solveig mens hun undersøkte den. "Men jeg må innrømme at jeg ikke har sett noe liknende før. Det ser ut til å være noe spesielt med denne koppen, noe som kan være skjult for det blotte øye."

Solveig begynte å studere koppen nærmere, og etter en stund trakk hun frem en liten lupe. "Ser du disse små markeringene her? De ser ut til å være en slags kode. Kanskje det er noe mer enn bare en kopp."

Marie ble opprømt. Hun hadde alltid hatt en interesse for mysterier og koder, og det var spennende å tenke at hennes kjære kaffekopp kunne være en del av en større historie.

"Kan du hjelpe meg med å forstå hva denne koden betyr?" spurte Marie.

Solveig nikket. "Selvfølgelig. Jeg vil ta en nærmere titt på dette og se hva jeg kan finne ut."

Marie forlot butikken med en følelse av forventning og begynte å spekulere på hva slags mysterium hun hadde begitt seg ut på. Hun kunne ikke vente med å finne ut hva som skjulte seg bak kodene på kaffekoppen.

De kommende dagene brukte Marie tiden sin på å gå rundt i byen og samle informasjon om gamle koder og symboler. Hun oppsøkte gamle biblioteker, snakket med eksperter og undersøkte historiske dokumenter. Hver kveld kom hun hjem med nye ledetråder og innsikter som hun skrev ned i en liten notatbok.

Lars på kaféen ble mer og mer involvert i etterforskningen, og han begynte å hjelpe Marie med å utforske gamle kart og dokumenter som kunne være relevante for koden. Sammen fant de ut at kaffekoppen hadde en forbindelse til en gammel lokal legende om en skjult skatt fra en historisk handelsmann som hadde bodd i området for mange år siden.

Historien om handelsmannen, Herr Nilsen, var kjent i byen som en mann med en forkjærlighet for å gjemme skatter og gåter for de som var kloke nok til å finne dem. Det var sagt at han hadde etterlatt seg en skatt som ble skjult på en annen måte, og at ledetrådene til denne skatten var spredt over forskjellige gjenstander.

Marie og Lars fulgte ledetrådene som de hadde funnet i kaffekoppen og oppdaget at de ledet dem til en gammel kirke i utkanten av byen. Kirken var kjent for sin vakre arkitektur og sine historiske monumenter, men den hadde også en underjordisk krypt som var kjent for å være vanskelig å få tilgang til.

Med en blanding av spenning og nerver besøkte Marie og Lars kirken en tidlig morgen. De hadde fått tillatelse til å utforske krypten, og de begynte å lete etter tegn og markeringer som kunne være relatert til skatten. Det var en lang og utfordrende oppgave, men deres vedholdenhet ble belønnet.

I en av de mørkere delene av krypten fant de en liten, skjult hule som var fylt med gamle dokumenter og en liten, støvete boks. De åpnet boksen og fant en rekke gamle mynter, smykker og et brev som forklarte historien om skatten og dens betydning.

Marie var overveldet av følelsen av å ha avdekket en del av lokalhistorien og en personlig skatt som hadde vært skjult i mange år. Hun visste at dette var en prestasjon hun ville huske resten av livet.

Etter å ha delt skatten med lokalhistorikere og museer, ble Marie og Lars anerkjent for deres innsats. Kaffekoppen som hadde startet hele eventyret, ble plassert i et lokalhistorisk museum som en påminnelse om mysteriene som finnes rundt oss i de mest uventede steder.

Hver morgen når Marie drakk sin kaffe, tenkte hun på eventyret hun hadde vært gjennom og på den lille koppen som hadde utløst det hele. Det var en påminnelse om at selv de mest vanlige gjenstander kan skjule ekstraordinære historier, og at det alltid er verdt å se nærmere på de små mysteriene i livet.

The Coffee Cup at Korsveien

Korsveien was one of the small, hidden streets in Oslo, a street with its own unique charm, filled with historic buildings and a peaceful atmosphere rarely disturbed. It was on an early autumn day that a story about an apparently ordinary coffee cup began to take shape.

Marie Johansen, a retired accountant, had a daily routine consisting of a simple yet satisfying ritual: enjoying her morning coffee at the small café on Korsveien. Marie was a woman in her early eighties with a friendly smile and an enduring curiosity. Her beloved coffee cup, a gift from an old friend, was a plain white cup with blue flowers, but it held a significance far beyond its apparent simplicity.

The café, "Korsveien Coffee & Cakes," was a cozy place with checkered tablecloths and the scent of freshly baked rolls filling the room. It always had a friendly atmosphere, thanks to the warm and welcoming owner, Lars. Lars was a middle-aged man with a good sense of humor and an exceptional ability to remember his customers' favorite treats. He knew that Marie always came in at the same time each morning to enjoy her coffee and spend some time with her thoughts.

On a special day, as Marie sat by her usual window table and watched the rain dripping from the roof, she noticed something peculiar. Her coffee cup had developed a small new crack on the rim. This was more than just a minor damage—it was an unexpected change that couldn't be explained by ordinary wear and tear.

Marie took a closer look at the cup. She couldn't understand how such a small crack had appeared, but she had a vague feeling that there was more to it than just a random accident. The cup had been with her through many years of morning rituals, and she had always taken extra care of it.

"Lars," Marie said, with a slightly worried tone, "have you noticed anything unusual about my coffee cup?"

Lars looked at the cup with a friendly smile. "No, I don't see anything special. Maybe it's just a minor damage from everyday use."

Marie shook her head. "No, I'm quite sure this is something new. I can't explain it, but it feels like there's a meaning behind this."

Lars, who had known Marie for many years, knew that she often had an intuition for things others might overlook. He decided to pay a bit more attention and began to observe the cup more closely.

The next day, as Marie drank her morning coffee, she started to notice something else. The coffee had a strange taste, as if there was a subtle blend of spices she couldn't identify. It wasn't an unpleasant taste, but it was definitely unusual.

Marie was now determined to solve this mystery. She began to examine the coffee cup closely and discovered some strange small marks on the rim, marks she hadn't noticed before. She decided to take the cup to one of the local antique shops for an expert evaluation.

The antiquarian, Mrs. Solveig, was an elderly woman with deep knowledge about old objects. She welcomed Marie and the cup with great interest.

"This is a beautiful cup," Solveig said as she examined it. "But I must admit, I haven't seen anything like this before. It seems there is something special about this cup, something that might be hidden from the naked eye."

Solveig began to study the cup more closely and, after a while, pulled out a small magnifying glass. "Do you see these tiny markings here? They seem to be some kind of code. Perhaps it is more than just a cup."

Marie was excited. She had always had an interest in mysteries and codes, and it was thrilling to think that her beloved coffee cup could be part of a larger story.

"Can you help me understand what this code means?" Marie asked.

Solveig nodded. "Of course. I will take a closer look and see what I can find out."

Marie left the shop with a sense of anticipation and began to speculate on what kind of mystery she had embarked upon. She couldn't wait to find out what was hidden behind the codes on the coffee cup.

In the following days, Marie spent her time walking around the city and gathering information about old codes and symbols. She visited old libraries, spoke with experts, and examined historical documents. Each evening she returned home with new clues and insights, which she wrote down in a small notebook.

Lars at the café became more and more involved in the investigation, and he started helping Marie explore old maps and documents that might be relevant to the code. Together, they discovered that the coffee cup had a connection to an old local legend about a hidden treasure from a historical merchant who had lived in the area many years ago.

The story of the merchant, Mr. Nilsen, was known in the city as a man with a penchant for hiding treasures and puzzles for those wise enough to find them. It was said that he had left behind a treasure that was concealed in a unique way, and that the clues to this treasure were scattered across various objects.

Marie and Lars followed the clues they found in the coffee cup and discovered they led them to an old church on the outskirts of the city. The church was known for its beautiful architecture and historical monuments, but it also had an underground crypt that was notoriously difficult to access.

With a mixture of excitement and nervousness, Marie and Lars visited the church one early morning. They had been granted permission to explore the crypt and began searching for signs and markings that could be related to the treasure. It was a long and challenging task, but their persistence was rewarded.

In one of the darker parts of the crypt, they found a small, hidden chamber filled with old documents and a small, dusty box. They opened the box and found a collection of antique coins, jewelry, and a letter explaining the history of the treasure and its significance.

Marie was overwhelmed by the sense of having uncovered a part of local history and a personal treasure that had been hidden for many years. She knew this was an achievement she would remember for the rest of her life.

After sharing the treasure with local historians and museums, Marie and Lars were recognized for their efforts. The coffee cup that had started the whole adventure was placed in a local historical museum as a reminder of the mysteries that lie around us in the most unexpected places.

Each morning when Marie drank her coffee, she thought about the adventure she had gone through and the little cup that had triggered it all. It was a reminder that even the most ordinary objects could hide extraordinary stories and that it was always worth looking closer at the small mysteries in life.